AF335818

TABLE

DES

EDITS, DECLARATIONS,

ARRESTS

ET REGLEMENS,

Rendus pendant la sixiéme Année du Bail
de Me. NICOLAS DESBOVES.

*Commencée le premier Octobre 1737. & finie le
dernier Septembre 1738.*

CONCERNANT LES DOMAINES DE FRANCE,
Controlle des Actes des Notaires, Petits-Scels, Insinuations
Laïques, Centiéme Denier, Controlle des Exploits, Greffes,
Amortissemens, Francs-Fiefs & Nouveaux Acquêts; & Droits
reservés dans les Cours & Jurisdictions, par les Edits des mois
d'Aoust 1716. Janvier & Novembre 1717. & rétablis par la Déclaration du 15. May 1722.

A PARIS,

Chez PIERRE PRAULT, Imprimeur des Fermes & Droits du Roy,
Quay de Gévres, au Paradis.

M. DCC. XLIII.

TABLE

DES EDITS, DECLARATIONS,
ARRESTS ET REGLEMENS,

Rendus pendant la Sixiéme Année du Bail
de Me Nicolas Desboves.

Commencée le premier Octobre 1737. & finie le dernier Septem-
bre 1738.

Concernant les Domaines de France, Controlle des Actes
des Notaires, Petits-Scels, Insinuations Laïques, Centiéme
Denier, Controlle des Exploits, Greffes, Amortissemens,
Francs-Fiefs & nouveaux Acquets; & Droits réservés dans
les Cours & Jurisdictions, par les Edits des mois d'Aoust
1716. Janvier & Novembre 1717. & rétablis par la Déclaration du 15. May 1722.

Du premier Octobre 1737.

Arrest du Conseil, qui maintient le Bureau des
Finances de Tours dans le Droit de connoître des
contestations qui pourront survenir à l'occasion de
tous les Ouvrages de Pavé de la Ville d'Angers,
sans distinction ni réserve; ordonne que sans avoir égard aux
Ordonnances des Maire & Echevins d'Angers, des 12. Février

& 7. May 1735. les Tréforiers de France procéderont aux Devis & aux Adjudications des Ouvrages de Pavé qui doivent être faits aux dépens des Particuliers.

Du premier Octobre 1737.

*   Arreſt du Conſeil, qui caſſe cinq Jugemens de la Table de Marbre, rendus contre les diſpoſitions des Articles XI. du Titre premier, & XI. du Titre XIII. de l'Ordonnance des Eaux & Foreſts du mois d'Aouſt 1669. & des Arreſts & Réglemens intervenus en conſéquence; condamne le Seigneur de Treuveray à payer ès mains du Collecteur des Amendes de la Maîtriſe de Chaumont, une amende de cinquante livres qu'il a reçû d'un Particulier, & à laquelle il l'avoit fait condamner en ſa Juſtice, pour la coupe d'un Balliveau, & les Officiers de la Juſtice de Treuveray, à reſtituer audit Particulier quatre-vingt-ſeize livres deux ſols ſix deniers par eux indûément exigez de lui pour frais de pourſuite, avec inhibitions & deffenſes auſdits Officiers de récidiver ſous les peines portées par les Ordonnances.

Du premier Octobre 1737.

*   Arreſt du Conſeil, qui permet aux Officiers Arpenteurs & Gardes de la Maîtriſe de Boulogne ſur Mer, de porter pour leur deffenſe des Fuſils & autres Armes, lorſque pour remplir les fonctions attachées à leurs Offices, ils ſeront obligez de ſe tranſporter dans les Foreſts, appartenans tant à Sa Majeſté & aux Communautez Eccléſiaſtiques & Laïques, qu'aux Particuliers, ſitués dans le reſſort de la Maîtriſe, ſans que pour raiſon de ce, ils puiſſent être troublés par qui que ce ſoit, à peine de mille livres d'amende, & de tous dépens, dommages & intérêts.

Du premier Octobre 1737.

Arreſt du Conſeil, qui ordonne que dans un mois pour tout délai, à compter du jour de la ſignification d'icelui, les Sous-Fermiers des Domaines du Bail de Carlier ſeront tenus de remettre au Bureau de Nicolas Desboves , Adjudicataire des Fermes générales , les comptes des Amendes consignées entre les mains de leurs Commis & Préposés , pendant les six années de leurs Sous-Baux ; ensemble les Piéces justificatives des Recettes & Dépenses desdits Comptes dans la forme prescrite par l'Arrest du 18. Janvier 1735. & Décisions du Conseil renduës en conséquence.

Du 2. Octobre 1737.

Arrest du Conseil , qui déboute les Recteurs d'un College de leur demande en restitution de Droits d'Amortissement par eux payez pour la fondation d'un College.

Du 15. Octobre 1737.

* Arrest du Conseil , en interprétation du Tarif du 29. Septembre 1722. pour la perception des Droits de Controlle des Actes des Communautés de la Province de Languedoc , & qui désigne ceux desdits Actes exceptez de cette formalité , & du Contróle des Exploits.

Du 22. Octobre 1737.

* Lettres Patentes , *regiſtrées en Parlement le 4. Décembre* 1737. qui ordonnent la coupe de vingt-quatre Chênes des hauteurs & grosseurs convenables pour la construction des Arbres de Roües & des Courbes nécessaires pour le rétablissement & entretien de la Machine de Marly , à prendre dans les triages des Gardes de Poissy & des Loges , & que les branchages & rémanans qui proviendront desdits Arbres seront vendus & adjugés au plus offrant & dernier encherisseur , par le Sr. Grand Maître ou les Officiers par lui commis , dont le prix sera remis par l'Adjudicataire dans le tems qui lui sera prescrit par le Cahier des Charges , ès mains du Receveur Général des Domaines & Bois de la Généralité de Paris , pour en être par lui compté au profit de Sa Majesté , ainsi que des autres deniers de sa recette.

Du 22. Octobre 1737.

* Lettres Patentes, *enregiftrées en Parlement le 4. Décembre*
1737. qui ordonnent la coupe de vingt-cinq Arbres dans le
Parc de Chambord, pour réparer le Château, & la vente des
Branchages & Rémanans qui proviendront defdits vingt-
cinq Chênes, dont le prix fera remis au Receveur géneral des
Domaines & Bois du Comté de Blois, pour en compter au
profit du Roy, ainfi que des autres deniers de fa reçette.

Du 22. Octobre 1737.

* Arreft du Confeil, qui permet aux Sous-Fermiers des Domaines de Poitiers, Limoges, la Rochelle, Bordeaux, Pau,
Auch & Bretagne, de percevoir à leur profit les Droits dûs
aux Mutations par échange, dans toutes les Paroiffes, dont les
Acquéreurs, par Province ou Généralité, n'ont pas exécuté
la Déclaration du 16. Février 1715. & dans les Paroiffes, dont
les Acquéreurs particuliers, (autres que les Seigneurs,) n'ont
pas payé le doublement ordonné par la Déclaration du 11.
Aouft 1705.

Du 5. Novembre 1737.

* Arreft du Confeil, qui décharge Armand Pillavoine, ci-
devant Adjudicataire des Fermes générales unies, de toutes
affignations & autres pourfuites faites ou à faire, pour raifon
de l'exploitation de fon Bail; & ordonne que fes Cautions,
ainfi que Pierre Vaquier, qui lui a été fubrogé, ne pourront
être affignés qu'en leur domicile à Paris, ni traduits ailleurs
qu'en la Cour des Aydes, pour le même fait : fans que les Receveurs & autres redevables, contre lefquels il fera décerné
des Contraintes, pour raifon de leurs débets, y puiffent former oppofition ni fe pourvoir ailleurs qu'en ladite Cour, à peine de nullité, caffation de procedure, & de cinq cens livres
d'amende, & de tous dépens, dommages & intérêts.

Du 12. Novembre 1737.

Arrest du Conseil, qui décharge du Droit d'Amortissement les Chanoines de Vannes, à cause d'un Terrain inculte que le Roy leur a donné, sous une redevance annuelle de trente livres.

Du 17. Novembre 1737.

Résultat du Conseil, portant Bail des Fermes générales unies, & de celle du Tabac sous le nom de Me Jacques Forceville, pour six années, à compter du premier Octobre 1738. pour les grandes & petites Gabelles, cinq grosses Fermes, Droits sur les Huiles & Savons & Droits y joints, & du Privilege de la vente exclusive du Tabac ; & du premier Janvier 1739. pour les Domaines de France, Contrôle des Actes, petits Scels, Insinuations, centiéme Denier, Greffes, Amortissemens, Francs-Fiefs, nouveaux Acquets & Droits y joints, & du Domaine d'Occident en France, le tout aux prix, charges, clauses & conditions y portés.

Du 3. Décembre 1737.

* Arrest du Conseil, qui déclare sujets au Centiéme denier, les Retraits féodaux, exercés par les Cessionnaires des Seigneurs, tant pour le passé, que pour l'avenir.

Du 3. Décembre 1737.

Arrest du Conseil, qui ordonne que le Sr. de Charmoy, Receveur-Payeur ancien & alternatif des Gages des Officiers du Parlement de Bretagne, sera tenu de vuider ses mains en celles de Louis Bourgeois, Adjudicataire des Fermes générales, d'une somme de neuf mille quatre cens six livres treize sols quatre deniers de Gages intermédiaires des Offices, dont le feu Sieur de Charmoy son pere étoit pourvû, & ce, à compter du premier Janvier 1720. jusqu'au jour de la reception dudit Sieur de Charmoy fils, dans lesdites Offices.

Du 4. Décembre 1737.

* Arreſt de la Cour des Aydes, qui donne acte à Nicolas Desboves, Adjudicataire des Fermes génerales unies, de ſes offres de donner au Sr. Deſmazets, Ecuyer, Seigneur de Saillac, une décharge du cautionnement par lui fourni, pour le Sr. Poirſin, Directeur des Fermes, aux charges des apoſtilles du Compte dudit Sr. Poirſin & de l'état final d'icelui, & ſur le ſurplus des demandes dudit Sr. de Saillac, tendantes à ce que les biens affectés au cautionnement ſoient déchargés de tout hypotéque, &c. met les Parties hors de Cour, ſans dépens.

Du 12. Décembre 1737.

* Arreſt du Conſeil, qui ordonne que les Fermiers de Sa Majeſté ayant Colombiers de Pigeons Biſets dans ſes Parcs, ſeront tenus d'en détruire les Pigeons dans le 15. Février ſuivant, & de diſpoſer deſdits Pigeons à leur profit; & enjoint pareillement à tous autres Particuliers qui n'ont ni Titre ni Droit d'avoir des Colombiers ou Volieres, d'en détruire les Pigeons dans le même délai, ſinon qu'il y ſera pourvû.

Du 31. Décembre 1737.

* Arreſt du Conſeil, qui décharge du Droit d'Amortiſſement, le Legs fait à la Paroiſſe de Saint Jean en Grêve, d'une Maiſon, pour y établir une Ecole de Charité.

Du 31. Décembre 1737.

* Arreſt du Conſeil, qui caſſe & annulle un Decret d'ajournement perſonnel décerné à la Table de Marbre de Paris, le 18. Septembre 1737. renvoye les Parties en la Maîtriſe de Paris; fait défenſes aux Greffiers de ladite Table de Marbre, d'expedier à l'avenir aucunes Commiſſions pour y proceder en premiere Inſtance, en matiere d'Eaux & Foreſts, Pêches & Chaſſes, à peine de cent livres d'amende & d'interdiction;

condamne un Procureur en cent livres d'amende, pour sa contravention à l'Edit du mois de May 1708. & lui enjoint, ainsi
qu'aux autres Procureurs, de se conformer à l'avenir audit Edit,
sous pareille peine de cent livres d'amende, qui demeurera
contre eux encouruë, par le seul fait de leur contravention.

Janvier 1738.

* Edit du Roy, *enregiftré au Parlement le 14. Février* 1738.
portant suppression de la Jurisdiction de la Prévosté de la Ville
de Beaugency, & réunion d'icelle à celle du Bailliage Royal
de ladite Ville, *contenant douze articles*, dont le huitiéme réunit le Greffe de ladite Prévosté à celui du Bailliage.

Du 7. Janvier 1738.

* Déclaration du Roi, qui ordonne que le doublement des
Droits de Domaine & Barrage & Poids-le-Roy de Paris, le
Droit d'augmentation ou rehaussement du Sel qui se consom-
me & distribuë dans l'intérieur de la Province de Franche-
Comté ; les Droits de Courtiers - Jaugeurs, ceux des Infpecteurs aux Boucheries & aux Boissons, & deux sols pour
livre d'iceux, & les Droits manuels sur les Sels, continueront
d'être levés & perçus jusqu'au dernier Septembre 1744. ensemble les anciens & nouveaux deux sols pour livre des Droits des
Fermes qui y sont sujets, jusqu'audit jour, pour les parties
des Fermes, dont l'année finit audit jour, & jusqu'au dernier
Décembre de ladite année, pour la Ferme des Domaines, Controlle des Actes des Notaires & sous signatures privées, Petits
sceaux, Insinuations, Centiéme denier, Greffes, Formules dans
les Provinces où les Aydes n'ont point cours, & autres Droits
joints à la Ferme des Domaines qui y sont sujets ; le tout
conformément aux Edits & Déclarations, qui ont établi & pro-
rogé tous lesdits Droits ; proroge aussi la levée & perception des
Droits reservés dans les Cours, Chancelleries, Présidiaux,
Bailliages & autres Siéges & Jurisdictions, jusqu'audit jour dernier Décembre 1744. à l'exception de ceux éteints & supprimés par la Déclaration du 3. Aoust 1732. & à la réduction au *

trois quarts & moitié, & conditions y portées.

Regiſtrée aux Parlement , Chambre des Comptes & Cour de Aydes de Paris, les 14. & 30. Janvier, & 12. Mars 1738.

Au Parlement de Touloufe le premier Avril, à celui de Grenoble le 27. Mars, à celui de Bordeaux le 20. Mars, à celui de Dijon le 26. Mars, à celui de Rouen le 19. Mars, à celui d'Aix le   à celui de Pau le 27. Mars, à celui de Rennes le 24. Mars, à celui de Metz le 13. Mars, à celui de Befançon le 20. Mars, à celui de Flandres le 14. Mars, à la Chambre des Comptes de Grenoble le   , à la Cour des Aydes de Rouen les 13. & 14. Mars, à celle d'Aix le 23. Avril, à celle de Dole le 10. Mars, à celle de Montpellier le 22. Mars, à celle de Bordeaux le 22. Mars, à celle de Clermont Ferrand le   , à celle de Montauban le   , au Conſeil Supérieur de Colmar le 14. Mars, & à celui de Rouſſillon le 15. Mars 1738.

Du 14. Janvier 1738.

* Lettres Patentes ſur le Réglement du même jour, pour la Fabrique, Viſite, Marque & Aunage des différentes ſortes de Toiles, Canevats, & Coutils qui ſe font dans la Généralité d'Alençon. *Regiſtrées au Parlement de Paris le 31. Mars, & à celui de Rouen le 28. Février audit an*, contenant 103. articles, dont les XCI. & XCVII. diſpenſent de la formalité du Timbre, les Regiſtres qui doivent être tenus par les Auneurs & les Curandiers ou Blanchiſſeurs; & le CII. ordonne que les Procès-verbaux de nomination des Gardes-Jurés, & les expeditions qui pourront en être faites, ſeront auſſi exempts d'être mis en papier Timbré, ainſi que du Droit de Controlle, ni à aucune ſorte de Droits, de quelque nature qu'ils puiſſent être.

Du 21. Janvier 1738.

Arreſt du Conſeil, qui nomme Meſſieurs Fagon, Conſeiller d'Eſtat ordinaire & au Conſeil Royal, Intendant des Finances; de Baudry, de la Houſſaye, Trudaine & Orry de Fulvy, Conſeillers d'Eſtat, Intendans des Finances, pour en leur préſence,

au

au nombre de trois au moins, être procedé aux publications
& adjudications des Sous-Fermes des Droits qui font partie de
ceux adjugez à Jacques Forceville & à ses cautions, par résultat du Conseil du 17. Novembre 1737.

Du 21. Janvier 1738.

Arrest du Conseil, qui décharge du Droit de Franc-Fief
en Arrois, les Biens Nobles acquis par licitation entre cohéri-
tiers.

Du 21. Janvier 1738.

* Arrest du Conseil, servant de Réglement pour le recouvrement des Droits d'Amortissemens & Francs-Fiefs, *contenant vingt-deux articles.*

Du 21. Janvier 1738.

Arrest du Conseil, qui résilie le Bail fait au sieur Terrier,
de la Terre, Isle & Marquisat de Belle-Isle, par Nicolas Desboves, Adjudicataire des Fermes génerales; en conséquence de l'Arrest du 30. Janvier 1731. pour les trois dernieres années restantes à expirer au premier Janvier 1739. des neuf
portées audit Bail; & permet à Jacques Forceville, Adjudicataire desdites Fermes génerales, du Bail qui doit commencer au premier Octobre 1738. d'affermer ladite Terre & Marquisat de Belle-Isle, soit par Bail séparé, soit conjointement,
avec les Domaines, Droits Domaniaux & autres Droits y
joints de la Province de Bretagne, sans qu'au moyen de la
résiliation du Bail dudit sieur Terrier, il puisse se dispenser
du payement du prix d'icelui, pour ce qui en sera échu audit jour premier Janvier 1739.

Du 23. Janvier 1738.

* Arrest du Grand Conseil, qui maintient le Sr. Yves-Joseph
Pommier, Ecuyer Conseiller-Sécretaire du Roy en la grande
Chancellerie, & Trésorier de France honoraire au Bureau

des Finances d'Alençon, Propriétaire de l'Hôtel & Maison de Villemillan, Paroisse de Wissous, dans le Droit d'avoir le Pain-béni par morceau de distinction, & toutes Préséances, auparavant les Officiers des Justices Seigneuriales de ladite Paroisse.

Du 4. Février 1738.

* Arrest du Conseil, qui exempte de la formalité & du payement des Droits de Controlle, les Soumissions pour Acquits à Caution, qui se délivrent dans les Bureaux des Fermes ; ensemble les autres Soumissions qui seront fournies dans lesdits Bureaux, pour la sûreté & payement des Droits du Roy, & des amendes & confiscations, quoiqu'en conséquence il fût formé des demandes en Justice.

Du 11. Février 1738.

Arrest du Conseil, portant que les Receveurs géneraux des Domaines d'Alsace, seront tenus six mois après l'arrêté de leurs comptes, de notifier au Fermier desdits Domaines ou à son Receveur à Strasbourg, les souffrances, si aucunes y ont été mises, & qu'elles proviennent du fait desdits Fermiers ou de son Receveur, passé lequel temps ils seront non-recevables dans leurs demandes.

Du 14. Février 1738.

* Arrest du Parlement, rendu sur la plainte du Sr. Bourgeois, Seigneur de Boisnes, qui condamne par contumace, Jean & Achilles Deschamps du Portail, & Jean Martin, aux Galeres, préalablement marqués des Lettres G. A. L. ordonne un plus amplement informé contre Louis Surateau, tous quatre absens & fugitifs. Condamne Claude Hoyau, femme Maingre à être admonestée & aumôner trois livres au pain des prisonniers de la Conciergerie du Palais à Paris ; & lui fait défenses de se trouver ès lieux où pourroit être ledit Bourgeois, & d'approcher de plus près de quatre lieuës de la Terre de Boisnes & de Mousseaux, pendant l'espace de cinq ans, à peine

de punition exemplaire, pour crimes d'insultes, Assassinats de guet-à-pan, fabrication de Libelles, vols de Lapins vivans dans les Garennes, coupures d'Arbres dans les Avenuës de la Maison dudit Sr. Bourgeois, attentats & voyes de fait exercées contre lui.

Du 18. Février 1738.

Arrest du Conseil, qui ordonne que les grand Maître & Procureur du Collége Mazarin, seront tenus de payer un supplément de Droits d'Amortissement, pour plusieurs Boutiques qu'ils possedent dans la Censive du Roy, attendu qu'ils n'ont payé en exécution de la Déclaration du 5. Juillet 1689. que sur le pied du sixiéme, au lieu qu'ils devoient sur le pied du cinquiéme.

Du 25. Février 1738.

Arrest du Conseil, qui déboute Nicolas Terrier & ses Cautions, de l'opposition par lui formée à l'exécution de celui du 21. Janvier précedent, par lequel le Bail à lui fait par Nicolas Desboves, Adjudicataire des Fermes génerales de la Seigneurie, Isle & Marquisat de Belle-Isle en Mer, a été résilié pour les trois années qui restoient à en expirer, & décharge ledit Desboves & Jacques Forceville des demandes & prétentions formées & à former contre eux, par ledit Terrier, pour raison de prétendus dommages intérêts, indemnités, &c.

Du 26. Février 1738.

* Arrest du Parlement, qui juge que les Droits Seigneuriaux appartiennent au Roy à chaque mutation qui se font des Domaines alienés dans la Ville de Rochefort, ainsi que les Cens dont ils peuvent être chargés, à cause de la Seigneurie de ladite Ville, appartenante au Roy, conformément à l'Edit du mois de May 1715. & ce, nonobstant la prétention des Engagistes des Droits de Lods & Ventes du Château & Seigneurie de Rochefort.

Du 17. Mars 1738.

* Arrest du Conseil, qui ordonne la suppression d'un Livre intitulé, *Instructions générales aux Commis*, préposés pour la perception des Droits de Controlle des Actes, & sous-signatures privées, Insinuations Laïques, petits Scels, Domaines du Roy & Droits Domaniaux; Controlle des Exploits, Greffes, Amortissemens, Francs-Fiefs, Nouveaux Acquêts, Usages & Droits reservés, de ceux ci-devant être attribués à différens Offices créés dans les Cours & Jurisdictions du Royaume, & supprimés par les Edits des mois d'Aoust 1716. Janvier & Novembre 1717.

Du 18. Mars 1738.

* Déclaration du Roi, *registrée en la Cour des Aydes le 29. Mars 1738.* renduë à l'occasion des Commis employez par les Trésoriers Généraux de l'Extraordinaire des Guerres, par laquelle en interprétant l'Edit du mois d'Aoust 1669. concernant le Privilege du Roi sur les biens de ses Fermiers & autres comptables, déclare avoir entendu comprendre dans le Privilege qu'il s'est réservé pour ses deniers, non-seulement tous les Offices comptables en titre, mais encore tous ceux qui en auroient le maniement à quelque titre que ce soit, & veut que ceux des Officiers comptables, qui par l'étenduë des fonctions de leurs Charges sont obligez d'avoir des Commis dans les Provinces, ausquels ils confient les deniers Royaux, ayent sur les biens de leurs Commis, pour le recouvrement des deniers qu'ils leur auront confié, le même privilege, droits & actions que le Roi s'est réservé sur lesdits Comptables par ledit Edit de 1669. voulant qu'ils puissent les exercer sur les biens meubles & immeubles de leursdits Commis, ainsi & de la même maniere qu'il est établi par toutes les dispositions dudit Edit, comme étant lesdits Comptables subrogez au Roi dans le maniement de ses deniers, & qu'en cas de contestations elles soient jugées, conformément audit Edit de 1669.

Du 18. Mars 1738.

Arreſt du Conſeil, qui décharge pluſieurs Acquéreurs de Biens nobles, des Droits de Francs-Fiefs, dûs par leurs Vendeurs, ſauf à Jean-Baptiſte Hermant, chargé du recouvrement des Droits d'Amortiſſement, Francs-Fiefs, Nouveaux Acquêts & Uſages reſtans dûs des anciens Traités, à ſe pourvoir contre leſdits Vendeurs.

Du 18. Mars 1738.

* Sentence de la Juriſdiction de l'Hôtel de Ville de Paris, qui condamne le nommé Porée, Chandelier, Propriétaire d'un Terrain à la petite Porte, grande ruë du Fauxbourg St. Antoine, en trois mille livres d'amende applicable à l'Hôpital général, pour avoir ſans permiſſion fait conſtruire un corps de Bâtiment ſur le derriere de ſon Terrain, entre deux petites Cours & un Eſcalier hors d'œuvre; ordonne que leſdites Conſtructions ſeront raſées, les Materiaux confiſqués, & la place réunie au Domaine du Roy.

Du 28. Mars 1738.

* Réglement du Bailliage de Verſailles, pour la Police & le commerce de Farines dans le Marché & Poids-le-Roy de ladite Ville, *contenant trois Articles.*

Avril 1738.

* Edit du Roy, portant création d'une Maîtriſe particuliere des Eaux & Forêts en la Ville de Pau.

Du premier Avril 1738.

* Lettres Patentes ſur Arreſt, portant décharge du Droit d'Amortiſſement, pour le Legs fait à la Paroiſſe de St. Jean en Grêve, pour les Ecoles de Charité, *regiſtrées en Parlement le 16. May 1738.*

Du premier Avril 1738.

*   Arreſt du Conſeil, qui ordonne l'exécution des Réglemens rendus ſur le fait des Teſtamens; & en conſéquence, ſans avoir égard à l'Ordonnance de Mr. l'Intendant de Tours du 9. Novembre 1737. condamne le ſieur Pierre-Louis-Jouye des Roches, tant en qualité d'Héritier, que d'Exécuteur Teſtamentaire, au payement des Droits de Controlle & Inſinuation du Teſtament de feu ſon pere.

Du premier Avril 1738.

*   Arreſt du Conſeil, qui fait défenſes au Lieutenant de Police de Poitiers, de connoître d'un fait de Riviere, ſous prétexte de Police; & renvoye les Parties à la Maîtriſe de Poitiers.

Du 8. Avril 1738.

Arreſt du Conſeil, qui décharge les Religieuſes de l'Aſſomption, des Droits d'Amortiſſement, à cauſe de pluſieurs Bâtimens, faiſant partie de cinq Maiſons par elles acquiſes pour leur Egliſe & logement, amorties par leurs Lettres d'établiſſement.

Du 15. Avril 1738.

*   Arreſt du Conſeil, qui confirme le Propriétaire des Droits du Greffe des Bailliage & Chancellerie d'Auxonne en Bourgogne, dans la jouiſſance & perception deſdits Droits, à raiſon de ſix ſols huit deniers pour la préſentation du Défendeur, & de cinq ſols dans la Juriſdiction Conſulaire de la même Ville, & pareils Droits de ſix ſols huit deniers, & de cinq ſols pour les défauts, faute de comparoir aux mêmes Juriſdictions, conformément à l'Ordonnance de Mr. l'Intendant du Duché de Bourgogne du 26. Aouſt 1732.

Des 15. *Avril &* 4. *Septembre* 1738.

* Sentence de la Capitainerie Royale des Chasses de la Varenne des Thuileries; & Jugement en dernier ressort des Requestes de l'Hôtel, confirmatif de ladite Sentence, portant condamnation de peines corporelles, bannissement & amende contre les Braconniers, Colporteurs & Acheteurs de Gibier, Vendeurs de Filets & autres Délinquans y dénommés.

Du 22. *Avril* 1738.

Arrest du Conseil, qui condamne les Prêtres de Saint Magloire à payer les Droits d'Amortissement & de nouvel Acquêt, à cause des augmentations de loyers de quelques Maisons, & fixe le droit des Quittances de Finance à quarante livres.

Du 22. *Avril* 1738.

* Arrest du Conseil, qui juge que le Droit d'Amortissement est dû pour Dons & Legs faits à charge de Fondations, pendant quatre-vingt & quatre-vingt dix-neuf années.

Du 26. *Avril* 1738.

* Arrest du Conseil, qui confirme une Sentence de la Capitainerie de Saint Germain en Laye, renduë sur une simple Assignation verbale, ensuite de laquelle sont trois Certificats, concernant l'Usage des Assignations verbales en matiere d'Eaux & Forêts, Pêches & Chasses.

Du 29. *Avril* 1738.

* Déclaration du Roy, qui fixe la Jurisprudence & régle les formalités à observer pour les oppositions au titre des Offices; *publiée au Sceau le* 9. *May* 1738. *& registrée ès Registres de l'Audience de France;* contenaut vingt-sept articles.

Du 29. Avril 1738.

*   Arreſt du Conſeil, qui fait défenſes aux Procureurs des Préſidiaux & Bailliages, de mettre des Appellations aux Rolles ordinaires & extraordinaires, tant en matieres Civiles que Criminelles, ni d'en pourſuivre l'Audience ſur Placets, & de conclure aux Procès par écrit, que les Amendes n'ayent été conſignées ſur le pied de ſix livres au Préſidial, & de trois livres au Bailliage, avec les Droits attribués aux Receveurs deſdites Amendes & à leurs Controlleurs, ſous peine de nullité des Sentences & Jugemens qui ſeront rendus ſur les Appels, tant au premier qu'au ſecond chef de l'Edit, ſans qu'au préalable les Conſignations d'Amende ayent été faites; de perte de frais des Procureurs qui auront occupé ſur leſdites Inſtances, & de cinq cens livres d'amende contre chacun d'eux, pour chaque contravention, & en outre du quadruple deſdites Conſignations & Droits; & aux Greffiers & Commis des Greffes, de délivrer aucunes Sentences & Jugemens ſur les Appels, qu'il ne leur ſoit apparu de la conſignation d'Amende, de laquelle ils ſeront mention, tant ſur les Regiſtres, que dans le Vû des Sentences & Jugemens, ſous les mêmes peines.

May 1738.

* Edit du Roy portant ſuppreſſion de tous les Offices de Controlleurs-Clercs d'Eau, établis ſur les Rivieres, en conſéquence des Edits des mois de Novembre 1572. Janvier 1648. & Décembre 1652. & autres Edits rendus antérieurement ou poſtérieurement, & réunit au Domaine les Droits à eux attribuez, pour être perçus, conformément à la reduction portée par la Déclaration du 9. Aouſt 1660. conſiſtant en trente-cinq ſols par Bateau, venant du pays d'Aval, & ving-ſix ſols trois deniers auſſi par Bateau, venant d'Amont.

Du 6. May 1738.

*   Arreſt du Conſeil, qui fait défenſes à toutes perſonnes de
relever

relever les Appellations des Sentences des Juges, Gruyers des Seigneurs & autres Justices particulieres du ressort de la Table de Marbre du Palais à Paris en matiere d'Eaux & Forêts, ailleurs qu'audit Siége de la Table de Marbre; & aux Procureurs au Parlement, de présenter des Requêtes pour faire recevoir lesdits Appels, ailleurs qu'audit Siége, à peine de nullité des Procedures, & de deux cens livres d'amende contre les Procureurs pour la premiere contravention, & de plus grande peine en cas de récidive.

Du 6. May 1738.

Arrest du Conseil, qui ordonne que les Adjudicataires des Bois des Maîtrises de Châteauroux & de Bommiers, remettront dans les termes énoncés dans leurs Adjudications, le prix principal & le sol pour livre desdites Adjudications, entre les mains de l'Adjudicataire des Fermes génerales unies, conformément à l'Arrest du Conseil du 14. Janvier 1738. & seront proceder au recollement de leurs Ventes six semaines après le tems de vuidange expiré; pour raison duquel ils ne seront tenus d'aucuns frais. Ordonne en outre, que sur le prix provenant desdites ventes, ledit Adjudicataire sera tenu de payer aux Officiers desdites Maîtrises, la somme de deux cens vingt-deux livres portée en l'état des taxations, arrêté par le Sieur de Grandcour, Grand Maître des Eaux & Forêts du Département de Blois & Berry le 2. May 1738.

Du 17. May 1738.

* Arrest des Juges en dernier ressort, établis par le Roi au Siége général de la Table de Marbre du Palais à Paris, portant Réglement au sujet des Ventes, Martelages & Adjudications des Bois, tant du Roi, que des Communautés & Particuliers; la Réception des Officiers des Maîtrises au Siége de la Table de Marbre; envoi qui y doit être fait des Actes & Piéces qui concernent les Visites, Ventes, Martelages & Adjudications, & les deffenses faites à tous Officiers des Eaux & Forêts, de faire le commerce de Bois, *contenant neuf articles.*

Du 20. May 1738.

* Jugement du Bailliage de Versailles, qui fait défenses à la veuve Richer, Marchande de Poisson sur le Marché, & à tous autres, d'acheter des Marchands Forains aucun Poisson d'eau douce avant dix heures du matin, afin que les Maîtres-d'Hôtel des Seigneurs, les Bourgeois & Habitans de ladite Ville, ayent le tems de faire leurs provisions, & ce à peine de confiscation des Marchandises, & de cinq cens livres d'amende.

Du 7. Juin 1738.

* Ordonnance du Roi, qui permet de faucher les Prez avant la S. Jean, en prenant les précautions nécessaires pour la conservation du Gibier.

Du 10. Juin 1738.

* Arrest du Conseil, qui ordonne le payement des quatre sols pour livre des Epices & Droits payés à M. le Procureur du Roi du Châtelet, de Paris par les Maîtres, Syndics, Gardes & Jurez reçûs depuis le premier Avril 1722. jusqu'au dernier Décembre 1732. & trois sols pour livre des mêmes Droits payez depuis le premier Janvier 1733. & qui le seront à l'avenir, conformément aux Edits, Déclarations, Arrests & Réglemens rendus pour l'établissement des Droits réservez de ceux ci-devant attribuez aux Receveurs des Epices & Vacations des Juges, &c.

Du 24. Juin 1738.

* Arrest du Conseil, qui casse un Jugement de la Table de Marbre du Palais à Paris, du 17. Mai 1738. & ordonne que la Sentence renduë en la Maîtrise de S. Germain en Laye le 5. Octobre 1737. sera exécutée comme ayant passé en force de chose jugée en dernier ressort, conformément aux Articles III. & V. du Titre des appellations de l'Ordonnance de 1669. & aux Articles LII. LIII. & LIV. de l'Edit concer-

nant les amendes des Eaux & Forêts, du mois de Mai 1716.

Du 27. Juin 1738.

* Sentence de la Jurifdiction de l'Hôtel de Ville de Paris, qui condamne Joseph Lombardeau, Blanchiffeur, en trois mille livres d'amende, pour avoir, fans permiffion, conftruit à neuf un Corps-de-Logis dans la cour de fa Maifon à porte chartiere, numerotée 5. ruë S. Dominique, Fauxbourg S. Germain ; ordonne que ledit Corps-de-Logis fera rafé, les Matériaux confifqués, & la Place réunie au Domaine du Roi.

Du 28. Juin 1738.

* Réglement du Confeil, concernant les Procedures qui doivent y être obfervées, diftribué en deux parties, *dont la premiere contient dix Titres, & la deuxiéme dix-fept.*

Du 28. Juin 1738.

* Réglement concernant la Procedure, que le Roy veut être obfervée pour l'inftruction des affaires renvoyées devant des Commiffaires nommés par Arreft de fon Confeil, *contenant dix-huit articles.*

Juillet 1738.

* Edit du Roi, *enregiftré en Parlement le 2. Septembre 1738.* portant fuppreffion des Jurifdictions des Prévôtés de Gien & Ouzoüer-fur-Trézée, & réunion d'icelles au Bailliage de la Ville de Gien, *contenant douze articles.*

Juillet 1738.

* Edit du Roi, *enregiftré en Parlement le 12. Aouft 1738.* portant que tous les Sujets du Roi de Pologne, dans les Etats de la Lorraine, feront réputez naturels François, & en conféquence exempts de toutes Charges & Droits impofez ou à impofer fur les Etrangers, & de toutes autres Loix, Réglemens

& Ufages qui pourroient avoir lieu à l'égard des Etrangers ; déclare lefdits Lorains capables de poffeder tous Offices & Bénéfices, d'exercer toutes profeffions, & d'être reçus à la Maîtrife de tous Métiers en France, fans qu'en aucun cas on puiffe leur oppofer la qualité d'Etrangers ; ordonne que la réciprocité d'hipotéque établie par la Traitte de Paris, du 21. Janvier 1718. pour plufieurs parties de la Généralité de Metz, aura lieu dans tout le Royaume, & que les jugemens qui feront rendus dans les Etats foumis à la Domination du Roi de Pologne, Duc de Lorraine, & les Contracts & Actes publics qui y feront paffez foient exécutoires en France, & qu'ils y emportent hypotéque du jour de leur datte, de même que s'ils y avoient été rendus ou paffez, & ce fuivant les Ufages refpectifs des deux Etats.

Du premier Juillet 1738.

* Arreft du Confeil, pour la prife de poffeffion du Bail des Fermes générales unies, fous le nom de Jacques Forceville, pendant fix années, à commencer du 1er. Octobre 1738. pour les grandes & petites Gabelles, Droits manuels fur les Sels, Gabelles des trois Evêchez, Domaines & Gabelles de Franche Comté, & Droit de rehauffement fur le Sel dans ladite Province, Cinq groffes Fermes, Droits fur les Huiles & Savons, Aydes, Entrées de Paris, Impôts & Billots & Formules de Bretagne ; Marque d'or & d'argent, Marque des fers ; Formules dans les Pays où les Aydes ont cours, Domaine, Barrage & Poids-le-Roi aux Entrées de Paris, Jauge & Courtage, Courtiers-Jaugeurs, Infpecteurs aux Boucheries & Boiffons, droits fur les Suifs à Paris, & pour la Ferme du Tabac : & au premier Janvier 1739. pour les Domaines de France, Contrôle des Exploits, Domaines de Flandres, Haynault, Artois, Alface, Principauté d'Orange, & Duché de Châteauroux, Contrôle des Actes, Sceaux & infinuations Laïques, Greffes, Amortiffemens, Francs-Fiefs, Formules dans les Provinces où les Aydes n'ont point cours, nouvelle Formule des Notaires de Paris, Droits réfervez dans les Cours & Jurifdictions du Royaume, Gages intermediaires, Domaine d'Occident en

France, Droits casuels réunis au Domaine, & autres Droits compris au Bail dudit Forceville, deux & quatre sols pour livres de ceux de tous lesdits droits qui y sont sujets.

Permet audit Forceville & à ses Sous-Fermiers de se servir des Timbres actuellement en usage.

Dispense les Employez qui ont prêté serment pendant les précédens Baux & Sous-Fermes, de le prêter de nouveau ; leur permet de verbaliser dans le ressort des Jurisdictions où ils pourront se trouver ; deffend aux Juges d'annuller leurs Procès verbaux, sous prétexte que leurs noms ne se trouveroient point inscrits dans un Tableau déposé au Greffe de leur Jurisdiction.

Permet audit Forceville & à ses Sous-Fermiers, d'entretenir ou de résilier les Baux à loyer des maisons & greniers ; ensemble les abonnemens, traitez & marchez qui peuvent avoir été ci-devant faits par les précédens Fermiers & Sous-Fermiers de partie desdites Fermes & Droits.

Régle les Droits d'enregistrement du présent Arrest, & ceux de réception & prestation de serment des Employez ; & ordonne que les Réglemens rendus au profit des précédens Fermiers seront exécutez en faveur dudit Forceville & de ses Sous-Fermiers, comme s'ils avoient été rendus sous leurs noms.

Du premier Juillet 1738.

* Arrest du Conseil, qui sans avoir égard à une Ordonnance de M. l'Intendant de Tours, du 24. Mars 1738. ordonne l'éxécution de l'article III. de la Déclaration du 20. Mars 1708. & de celle du 25. Juin 1729. & en conséquence déclare sujets à l'Insinuation les clauses des Contrats de Mariage, portant gains de Nôces & de survie.

Du 9. Juillet 1738.

* Lettres Patentes du Roi, en forme de Déclaration, registrées au Parlement de Flandre le 30. Octobre 1738. qui réglent les formalitez à observer par les Ecclésiastiques & autres Gens de Main-morte des Pays de Flandre & du Hainault, tant à l'oc-

cafion des fondations ou établiſſemens de Chapitres , Colleges ou Séminaires , Maiſons Religieuſes , Hôpitaux , Confrairies ou autres Corps & Communautez Eccléſiaſtiques ou Laïques , que pour les biens qu'ils pourront acquerir à quelque titre que ce ſoit , *contenant vingt-ſix articles.*

Du 15. *Juillet* 1738.

Arreſt du Conſeil , qui accepte les offres faites par les Etats & Magiſtrats des Provinces , Villes , Châtellenies & Communautés qui compoſent l'Intendance de Flandre ; en conſéquence ordonne qu'en payant par eux & par forme d'abonnement , pour tenir lieu des Droits de Contrôle des Actes des Notaires & ſous ſignatures privées, Inſinuations Laïques, Petits-Scels & Centiéme Denier , la ſomme de cent cinquante-huit mille ſoixante-dix-huit livres dix ſols par chacun an à Jacques Forceville , Adjudicataire des Fermes générales unies, pendant les ſix années de ſon Bail , à commencer au premier Janvier 1739. les Habitans deſdites Provinces , Villes , Châtellenies & Communautés dépendantes de ladite Intendance de Flandre , demeureront déchargez pendant leſdites ſix années de l'exécution de la Déclaration du 29. Septembre 1722. & que tous les Contrats & Actes paſſés par les Notaires de Flandre , entre Flamands ou autres Parties , l'une deſquelles ſera domiciliée en Flandre , pourront être exécutez & produits en Juſtice dans toutes les autres Provinces du Royaume , ſans être aſſujettis au Contrôle ni à l'Inſinuation.

Du 15. *Juillet* 1738.

Arreſt du Conſeil , qui accepte les offres faites par les Magiſtrats , Mayeurs & Echevins des Villes , Bourgs & Communautés de la Province du Haynault , qui compoſent actuellement l'Intendance de Valenciennes ; en conſéquence ordonne qu'en payant par eux & par forme d'abonnement , pour tenir lieu des Droits de Contrôle des Actes des Notaires & ſous-ſignatures privées , Inſinuations Laïques , Petits-Scels & Centiéme Denier , la ſomme de trente-ſix mille neuf cens vingt-

une livres dix sols par chacun an à Jacques Forceville, Adjudicataire des Fermes générales unies, pendant les six années de
son Bail, à commencer au premier Janvier 1739. les Habitans
des Villes, Bourgs & Villages de ladite Province du Haynault
qui composent l'Intendance de Valenciennes, demeureront
déchargez pendant lesdites six années de l'exécution de la Déclaration du 29. Septembre 1722. & que tous Contrats & Actes passez par les Notaires de la Province du Haynault entre
les domiciliés, ou entre parties, l'une desquelles sera domiciliée en ladite Province du Haynault, pourront être exécutez
& produits en Justice dans toutes les autres Provinces du
Royaume, sans être assujettis au Contrôle & à l'Insinuation,
&c.

Du 15. *Juillet* 1738.

Arrest du Conseil, qui accepte les offres faites par les Etats
de la Province d'Artois; en conséquence ordonne qu'en payant
par eux par forme d'abonnement pour tenir lieu des Droits de
Contrôle des Actes des Notaires, & sous-signatures privées,
Insinuations Laïques, Petits-Scels, centiéme Denier & Droits
dûs pour les Usages & Communaux dont jouissent les Communautés Laïques de ladite Province, la somme de quatre-
vingt-dix mille livres par chacun an à Jacques Forceville, Adjudicataire des Fermes générales unies pendant les six années
de son Bail, à commencer au premier Janvier 1739. les Habitans de ladite Province demeureront déchargez pendant lesdites six années de l'exécution de la Déclaration du 29. Septembre 1722. ensemble desdits Droits d'usage, & que tous les
Contrats & autres Actes passés par les Notaires de ladite Province d'Artois, entre les domiciliés ou entre Partie, l'une desquelles sera domiciliée en ladite Province, puissent être exécutez & produits en Justice dans toutes les autres Provinces du
Royaume, sans être assujettis au Contrôle ni à l'Insinuation,
&c.

Du 30. *Juillet* 1738.

* Jugement de Messieurs les Juges en dernier ressort, rendu au Siége de la Table de Marbre du Palais à Paris, qui ren-

voye les Officiers de la Maîtrise des Eaux & Forêts de Paris ; des accusations de concussions & malversations, contre eux intentées, à la requeste du Substitut de Mr. le Procureur Général audit Siége.

Du premier Aoust 1738.

* Arrest du Conseil, qui ordonne que les anciens sols, & les piéces dites de trente deniers, n'auront plus cours que pour dix-huit deniers, & les demis à proportion. Régle la quantité d'espéces de billon qui pourra entrer dans les payemens ; & renouvelle les deffenses d'en exposer & recevoir de fabriques étrangeres.

Du 5. Aoust 1738.

* Arrest du Conseil, qui casse & annulle une Sentence du Juge du Marquisat de la Perriere du 25. Janvier 1738. & tout ce qui s'en est ensuivi, pour raison des dégradations commises dans les Bois des Habitans de la Perriere, Saint-Seine & Samerey ; ordonne que toutes les Procedures faites devant ledit Juge, seront envoyées par le Greffier au Greffe de la Maîtrise de Dijon, dans la huitaine, avec très-expresses inhibitions & défenses audit Juge, & à tous ceux des autres Justices Seigneuriales, de connoître, sous quelque prétexte que ce soit, des Délits commis dans les Quartiers de reserve des Bois des Communautés, ni des coupes d'Arbres, Fûtaye, Balliveaux sur Taillis, ou Arbres éparts, à peine de cinq cens livres d'amende, qui demeurera encouruë pour la premiere fois, & de plus grande, en cas de récidive : Et leur enjoint de renvoyer aux Officiers des Maîtrises, la connoissance desdits Délits, sous les mêmes peines ; & en outre, de demeurer garans & responsables en leur propre & privé nom, du montant des amendes, ausquelles les Délinquans auroient dû être condamnés, & de tous dépens, dommages & intérêts.

Du 5. Aoust 1738.

* Arrest du Conseil, qui casse & annulle une saisie faite à la requeste

requeſte du Sr. de Moncaſſin, entre les mains du Fermier ou Directeur des Domaines de la Généralité de Touloufe ; lui défend & à tous autres, de faire aucune faiſie entre les mains du Fermier des Domaines, pour raiſon des créances qu'ils prétendroient avoir à exercer contre le Roy, ſauf à eux à ſe pourvoir pardevers Sa Majeſté.

Du 19. Aouſt 1738.

* Arreſt du Conſeil, qui, ſans s'arrêter au Jugement rendu par les Juges en dernier reſſort de la Table de Marbre du Palais à Paris du 17. May 1738. ordonne que les Officiers des Maîtriſes du reſſort de ladite Table de Marbre, exerçans par Commiſſion de Meſſieurs les Grands Maîtres, ſeront diſpenſés de ſe faire recevoir audit Siége, tant qu'ils n'exerceront leurs fonctions que par Commiſſion, nonobſtant ce qui eſt porté par ledit Jugement du 17. May 1738. & par celui du 2. Janvier 1734.

Du 19. Aouſt 1738.

Arreſt du Conſeil, qui décharge le Fermier des Amortiſſemens d'une aſſignation à lui donnée au Grand Conſeil, à la Requête des Hoſpitalieres de Bar-ſur-Aube, & ordonne que ſans avoir égard à l'Arreſt intervenu ſur icelle, leſdites Hoſpitalieres ſe pourvoiront devant Mr. l'Intendant de Champagne.

Du 22. Aouſt 1738.

* Sentence de la Juriſdiction de l'Hôtel de Ville de Paris, qui condamne le nommé Genty, Fermier du Bacq de Choiſy-Mademoiſelle, en cinquante livres d'amende, pour n'avoir eû qu'une Pencarte défectueuſe ; lui ordonne de la repréſenter en bonne forme, avec défenſes de percevoir aucunes autres ſommes que celles y portées, à peine d'être puni comme Concuſſionnaire.

Du 22. Aouſt 1738.

* Sentence de la Juriſdiction de l'Hôtel de Ville de Paris, qui condamne Louis Lorinet, Gravoyeur & Voiturier par Terre, en trois mille livres d'amende applicables à l'Hôpital géneral de ladite Ville, pour avoir conſtruit une Porte Cochere à un Emplacement clos de Mur qui lui appartient, Ruelle de la Planchette ou des Poſtes, Fauxbourg Montmartre; ordonne la démolition de ladite Porte, la confiſcation des Materiaux, & la réunion de la place au Domaine du Roy.

Du 26. Aouſt 1738.

* Arreſt du Conſeil, portant, qu'à commencer du premier Octobre 1738. dans les Provinces où les Aydes ont cours, & du premier Janvier 1739. dans les autres Provinces du Royaume, il ne pourra être employé d'autres Papiers & Parchemins timbrés, que de ceux des Nouveaux timbres de Jacques Forceville, Adjudicataire des Fermes génerales unies, & de ceux des nouveaux Sous-Fermiers, ſans qu'ils ſoient tenus de contretimbrer gratis, ni reprendre ou échanger les Papiers & Parchemins qui pourroient leur être rapportés.

Du 27. Aouſt 1738.

* Sentence de la Juriſdiction de l'Hôtel de Ville de Paris, qui condamne Michel & Etienne le Comte, Maîtres Jardiniers, & le nommé Desjardins Maître Maçon; ſçavoir, leſdits le Comte en trois mille livres, & ledit Desjardins en mille livres auſſi d'amende, applicables à l'Hôpital géneral, pour avoir, par leſdits le Comte commencé, ſans permiſſion, la conſtruction d'un Corps de Logis ſur la ruë de Sêve au-delà des limites; & par ledit Desjardins, avoir entrepris & conduit ledit Bâtiment, ſans qu'il lui ait apparu de ladite permiſſion; ordonne la démolition dudit Corps de Logis, la confiſcation des Materiaux, & la réunion de la place au Domaine du Roy; & déclare ledit Desjardins déchu de ſa Maîtriſe, ſans y pouvoir être rétabli par la ſuite.

Du 4. Septembre 1738.

* Arreſt de la Cour des Aydes, qui infirme une Sentence des Officiers de l'Election de Saint Quentin, du 16. Avril 1738. qui avoit déclaré nulle une Aſſignation donnée un jour de Dimanche, par un Procès-verbal de ſaiſie faite en Campagne, le 2. Mars audit an, de ſept livres ſept onces de Tabac de contrebande, & douze livres de Sel gris, ſur Jean Merlier; confiſque le Cheval, les Sel & Tabac ſaiſis, & condamne ledit Merlier en mille livres d'amende & aux dépens.

Du 5. Septembre 1738.

* Arreſt de la Cour des Aydes, qui ordonne, qu'en attendant l'enregiſtrement du Bail fait à Jacques Forceville, des Fermes génerales unies, ledit Forceville ſera mis en poſſeſſion des Bureaux, ſervans actuellement à la régie & perception des Droits dépendans deſdites Fermes, avec faculté d'établir les Commis géneraux & particuliers, dont il aura beſoin.

Du 7. Septembre 1738.

* Arreſt du Conſeil, qui ordonne, que dans la Vicomté de Turenne, Terre & Pays en dépendans, les Droits de Controlle des Actes des Notaires & Sous-ſignature privée, Inſinuation Laïque, Centiéme denier, Petits-Scels, Controlle des Exploits & Saiſies mobiliaires, Papiers & Parchemins timbrés, Echanges, Emolumens des Greffes, Droits reſervés, Amortiſſemens, Francs-Fiefs & Nouveaux acquêts; enſemble les deux & quatre ſols pour livre de ceux deſdits Droits qui y ſont ſujets, ſeront perçus au profit de Sa Majeſté, à commencer du premier Janvier 1739. de même qu'ils ſe perçoivent par tout le Royaume.

Du 9. Septembre 1738.

Arreſt du Conſeil, pour faciliter la navigation de la Rivie-

re d'Yonne , qui fupprime le Pertuys de Regennes , près ladite Riviere; ordonne la démolition du Moulin conftruit fur
la même Riviere audit lieu de Regennes , le tout appartenant
à l'Evêché d'Auxerre ; liquide à la fomme de vingt-quatre mille
livres, l'indemnité dûë à Mr. l'Evêque d'Auxerre à ce fujet ,
dont dix mille livres feront payées par l'Adjudicataire des Fermes , à l'acquit des Prépofés à la voiture des Sels, & décharge du Droit d'Amortiffement pour raifon de la conftruction d'un
nouveau Moulin , qui fera bâti dans l'endroit le plus convena-
ble, au lieu de celui dont la démolition eft ordonnée.

Du 14. Septembre 1738.

* Arreft du Confeil, qui ordonne que l'Edit du mois de Novembre 1714. fera exécuté en Provence , comme dans le ref-
te du Royaume ; & fait défenfes aux Préfidens-Tréforiers de
France de Provence d'exercer à l'avenir les fonctions d'Eco-
nomes dans ladite Province.

Du 15. Septembre 1738.

* Départemens de Mrs. les Fermiers Géneraux , pour le fer-
vice des Fermes Royales unies , pendant la premiere année
du Bail de Me. Jacques Forceville.

Du 16. Septembre 1738.

* Bail des Fermes génerales unies , fait à Jacques Forceville
pour fix années , à compter du premier Octobre 1738. pour
les grandes & petites Gabelles , Cinq groffes Fermes , Droits
fur les Huiles & Savons, & Droits y joints, & du Privilége
exclufif de la vente du Tabac ; & du premier Janvier 1739.
pour les Domaines de France, Controlle des Actes, petits
Scels , Infinuations , Centiéme denier , Greffes , Amortiffemens, Francs-Fiefs , Nouveaux Acquêts & Droits y joints, &
du Domaine d'Occident en France , aux prix, charges, clau-
fes & conditions y portées, *contenant fix cens deux articles.*

Du 30. Septembre 1738.

Arrest du Conseil, qui ordonne au Sr. Royer, Bourgeois de la Ville de Toul, Propriétaire depuis quelques années, des Droits de Poids de ladite Ville, de repréſenter dans un mois à Mr. l'Intendant de Metz, les Titres en vertu deſquels il perçoit leſdits Droits, de laquelle repréſentation il ſera dreſſé Procès-verbal, pour icelui vû & examiné avec ſon avis, être par Sa Majeſté ordonné ce qu'il appartiendra.

FIN.